BIOGRAPHIE

DU MINISTÈRE

POLIGNAC.

Par le passé jugez l'avenir.

PARIS,

CHEZ LES MARCHANDS DE NOUVEAUTÉS.

AOUT.—1829.

N. B. On délivrera GRATIS à toutes les personnes qui ache-
teront cette biographie, un supplément dans lequel on fera
connaître les modifications que l'opinion publique et les con-
venances forceront M. de Polignac à faire au personnel de son
ministère.

BIOGRAPHIE

DU MINISTÈRE

POLIGNAC.

POLIGNAC (*Armand-Jules-Marie-Héraclius,* prince de), ministre des affaires étrangères, né en 1771. Il descend des anciens souverains du Velay. Son père possédait en Ukraine une belle propriété, qu'il tenait de la munificence de Catherine.

M. de Polignac était officier de hussards avant la révolution. Il émigra, passa en Italie où il épousa la fille du baron hollandais de Nivenheim, puis alla à l'armée de Condé où il se réunit à sa famille.

Après avoir fait plusieurs campagnes à la tête du régiment qui portait son nom, lorsque l'armée de Condé fut licenciée, il se retira en Angleterre, près du comte d'Artois, à la maison duquel il était attaché : là se fortifia, dit-on, une amitié qui avait pris naissance au milieu des plaisirs de la cour, et que l'exil et l'infortune transformèrent en quelque sorte en fraternité.

En 1804, M. de Polignac quitta l'Angleterre : son but était la restauration des Bourbons. Paris devint le lieu de son séjour, et il groupa bientôt autour de lui Georges Cadoudal, Pichegru, etc. Chacun sait quelles furent les tentatives infructueuses des royalistes à cette époque : ils voulaient enlever le premier consul. Plusieurs personnes ont nié qu'on eût le projet d'attenter à sa vie ; mais il faut avouer qu'en cas de succès, elle eût bien embarrassé les conjurés : Georges était l'un d'eux, et l'on se souvient comment il expédia M. Becdelièvre. Quoi qu'il en soit, ils échouèrent, et M. de Polignac fut condamné à mort. Graces aux sollicitations de sa femme, puissamment secondée par l'impératrice Joséphine, il conserva la vie (1) ; mais il dut la passer dans une prison jusqu'à la paix, et ensuite dans l'exil.

Après quatre années de détention à Ham et à peu près autant au Temple et à Vincennes, il obtint de passer sa captivité dans une maison de santé où déjà son frère se trouvait. Là, il se lia, dit-on, avec le général Mallet, mais il ne paraît pas qu'il ait coopéré à la conspiration de 1812, car il ne fut nullement inquiété.

Au commencement de 1814, M. de Polignac disparut de Paris, et alla rejoindre le comte d'Ar-

---

(1). . . . Napoléon après l'avoir examinée (Madame de Polignac) avec beaucoup d'attention, la releva et lui dit : « J'ai été étonné de trouver votre mari impliqué dans une affaire aussi odieuse. » — « Non, sire, répondit-elle, mon époux n'a jamais « conçu l'idée d'un crime que l'honneur réprouve encore plus « fortement que les lois. » La douloureuse situation de cette femme émut profondément Napoléon, qui lui dit : « Je puis « pardonner à votre mari, car c'est à ma vie qu'on en voulait ; « je vous accorde sa grace. » Puis il ajouta : « Qu'ils sont cou- « pables ceux qui jettent les hommes dans des entreprises aussi « criminelles, aussi follement conçues et dont ils ne partagent « pas les périls. » (*Histoire inédite de Napoléon Bonaparte.*)

tois à Vesoul : il rentra bientôt dans la capitale avec des pouvoirs étendus, et le 31 mars il fut, ainsi que son frère, l'un des premiers qui arborèrent le drapeau blanc.

En 1815, M. de Polignac fut élu député par la contrée où ses ancêtres avaient régné : il vota en seigneur féodal, c'est-à-dire avec la majorité introuvable.

En 1816, il fit partie du conseil de guerre qui jugea le général Lallemant.

Devenu pair en 1817, par la mort de son père, M. de Polignac alla s'asseoir auprès de son frère, qui siégeait déjà à la Chambre, malgré toutes les répugnances que lui inspirait le serment qu'on exigeait en conséquence de la Charte. On ne dit pas que M. de Polignac ait eu les mêmes scrupules; toutefois les deux frères n'ont jamais fait scission d'opinion.

Ambassadeur à Londres depuis 1823, M. de Polignac, qui jouit de la plus haute faveur à la cour, n'a pas cessé de briguer l'honneur d'entrer au ministère; sans cesse il voltigeait de la Tamise à la Seine, et toujours il s'en allait comme il était venu. Mais après avoir fait, il y a quelques mois, une profession de foi constitutionnelle, qui a étonné bien des gens, il est enfin parvenu à son but, et a formé le ministère qui portera son nom, après avoir été lui-même nommé ministre des affaires étrangères.

La Bourdonnaye (*François-Regis*, comte de), ministre de l'intérieur, né en mars 1767.

Il doit y avoir une grande intimité entre M. de

La Bourdonnaye et M. de Bourmont , car il y a une parfaite ressemblance dans l'histoire de leurs premières années. Tous deux sont enfans de la même contrée, tous deux servirent avant la révolution, tous deux émigrèrent , tous deux servirent alternativement sous Condé et sous Scépeaux et Charrette , tous deux enfin profitèrent de l'indulgence impériale. Il y a toutefois une grande dissemblance dans la fin de leur carrière , et je laisse au lecteur à juger pour qui est l'avantage.

M. de La Bourdonnaye qui, depuis quelques années , s'est fait la pierre angulaire de toutes les oppositions *ultra*, a fait beaucoup de bruit, sans que pourtant la nature l'ait doué tout exprès pour cela. Il a l'esprit peu vif, la pensée obscure , l'élocution lente et verbeuse ; il endort à la tribune, et cependant, quand on lit dans le *Moniteur* ses discours *corrigés*, on les trouve pleins d'une éloquence que quelqu'un a qualifiée de furibonde. D'où vient donc qu'il est sorti de la foule et s'est fait remarquer ? c'est qu'il a pris le parti de toujours dire *non* quand on dit oui : voilà tout son secret. Au physique, il a la démarche lente et lourde, le geste dépourvu de graces ; sa voix est creuse et son organe faible et monotone.

Le comte de La Bourdonnaye était en 1789 officier au régiment d'Austrasie ; peu après il devint officier municipal à Angers. Émigré en 1792 , et vendéen en 1793 , il redevint citoyen français sous le consulat ; pendant l'empire il fut maire d'Angers et membre du conseil du département de Maine-et-Loire. Dire qu'à cette époque le chef de l'état obtint ses louanges, ce serait parler pour ne rien apprendre au lecteur, car chacun sait que Napoléon n'eut pas de louangeurs plus intrépides que les émigrés rentrés.

Après la seconde restauration, M. de La Bourdonnaye fut appelé à la Chambre des députés par le département de Maine-et-Loire; pour nous servir de l'expression d'un biographe, il se montra plus *introuvable* que cette introuvable Chambre, et depuis quatorze sessions il ne cesse d'aspirer à la pairie et au ministère.

Comme M. de La Bourdonnaye a adopté une marche et non un principe, qu'il a eu un but constant et non un système, il a été fort souvent en contradiction avec lui-même; ce n'était pas telle loi, tel principe qu'il combattait, c'était tel homme, possesseur de tel portefeuille. Ami de la censure, il a parlé pour la liberté de la presse; auteur des *catégories* qui enveloppaient et frappaient tous les hommes qui avaient cru que la patrie avait besoin de leurs services après le 20 mars, il s'appitoya sur les victimes de la police de Decazes.

Quand il crut qu'en luttant contre Villèle et Corbière il pourrait bien avoir l'un de leurs portefeuilles, il parla charte, liberté, honneur, patrie, et cependant il avait voté pour la violation de la Charte lors de la discussion sur ce qu'on nomme les *régicides*; et cependant la loi sur le recrutement et les vétérans l'avait trouvé hostile; et cependant les diverses lois électorales le trouvèrent toujours invoquant les priviléges aristocratiques; et cependant il réclama constamment en faveur de la propriété foncière déjà si favorisée en comparaison de l'industrie.

Le vénérable Grégoire est-il élu député, on déchire sa vie passée, et M. de La Bourdonnaye est l'écho de toutes les passions qui le repoussent. Manuel est-il rappelé à l'ordre sans être entendu, M. de La Bourdonnaye devient accusateur public, et ne lâche sa victime que quand elle est privée du plus beau de ses droits ; le côté gauche défend-il avec autant de modération que de sagesse les droits octroyés par la Charte, M. de La Bourdonnaye s'écrie : La France ne veut plus des députés du côté gauche !

M. de La Bourdonnaye a quelquefois parlé comme un libéral, et cependant les libéraux n'ont pas d'ennemi plus prononcé ; il a réclamé une loi sur la responsabilité des ministres, et comme ministre il dira souvent qu'il n'a de comptes à rendre qu'à Dieu et à son roi ; comme journaliste, dans l'*Aristarque* qui est mort d'inanition, il a ennuyé tout le monde sans faire un prosélyte : que fera-t-il au ministère ?.... Qui vivra verra.

BOURMONT (Louis-Auguste-Victor de Gaisne, comte de), ministre de la guerre, est âgé de 56 ans. Il est né au château de Bourmont, situé non loin d'Angers.

Quand le besoin des réformes amena la fermentation de 1789, M. de Bourmont était officier aux Gardes-Françaises ; mais lorsque ce corps passa dans les rangs populaires, l'officier alla se réfugier à Coblentz.

Il devint aide-de-camp du prince de Condé qui le chargea, en 1790, d'une mission secrète dont le but était de décider ou d'organiser l'insurrection de Nantes.

En 1793, il quitta encore les bords du Rhin pour reparaître sur les bords de la Loire : Scépeaux le fit alors major-général de son armée, et bientôt après il fut appelé au conseil qui dirigeait les mouvemens des insurgés du Maine.

Député, en décembre 1793, par Scépeaux, vers les Bourbons et les Anglais pour solliciter des secours de tous genres, il ne réussit qu'à obtenir pour lui la croix de Saint-Louis dont le comte d'Artois le décora, pour les autres chefs royalistes des brevets et des croix, que leur dévouement eût alors troqués bien volontiers contre des mousquets et des baïonnettes.

De 1794 à 1796, M. de Bourmont servit alternativement soit dans la Vendée, soit dans l'armée de Condé; et lorsque Hoche eut pacifié la Bretagne (1796), il se retira en Angleterre.

En 1799, l'insurrection vendéenne reprit toute sa fureur. M. de Bourmont se fait honneur d'avoir été l'un des principaux artisans de ce mouvement : il se mit à la tête de 12 à 1500 chouans, surprit le Mans qu'il occupa trois jours, et ne sut pas préserver cette ville d'une sorte de pillage. « Il est impossible, dit un témoin oculaire, de comparer la conduite de ces troupes dans cette malheureuse ville, autrement qu'à celle des Tartares de Gengiskan. Les prisons publiques furent ouvertes, et des scélérats condamnés à mort recouvrèrent leur liberté. On pilla toutes les caisses publiques et beaucoup de particuliers : le pillage en numéraire et autres effets fut évalué à 953,000 francs. La poste aux lettres fut dévastée, et les papiers, les registres d'administration furent incendiés ; mais ce qui est une perte irréparable, c'est la destruction de 60 volumes in-folio contenant l'histoire du Mans depuis 1481. Ce précieux dépôt que l'on conservait à l'hôtel-de-ville, fut livré aux flammes avec plus de 500 registres de l'état civil des citoyens ; et ce que l'on ne se rappellera jamais qu'avec le sentiment de la plus profonde horreur, c'est que des soldats de la 40ᵉ demi-brigade furent égorgés dans leurs lits.» Après une suite de marches et d'escarmouches où M. de Bourmont ne put développer aucun talent militaire, une nouvelle pacification eut lieu. A l'exemple de La Prévalaye, il posa les armes et voulut entraîner Georges Cordoudal par son exemple : celui-ci refusa de se soumettre, et, dans un excès de fureur, il alla jusqu'à mettre en doute la fidélité de M. de Bourmont.

En 1800, M. de Bourmont vint à Paris, s'y allia à la famillle Becdelievre, dont le chef avait été premier président du parlement de Besançon. En 1801, chose étrange, Georges Cadoudal ayant surpris une diligence où se trouvait le beau-frère de M. de Bourmont, il le fit fusiller sur place.

Pendant le consulat, M. de Bourmont, contribua, dit-on, à la pacification de la Vendée. Souvent consulté par Napoléon, auquel il ne déplaisait pas, il lui donna d'excellens avis sur cette contrée : mais il était en même temps surveillé par Fouché, qui s'obstinait à voir en lui un agent royaliste.

Lors de l'explosion de la machine infernale, les jacobins furent dénoncés par M. de Bourmont comme les auteurs de cette infâme tentative : mais Fouché en accusa les royalistes, prouva leur coopération, et l'accusateur des jacobins fut jeté dans les prisons du Temple où il resta jusqu'en 1803. Transféré alors dans la citadelle de Dijon, puis dans celle de Besançon, il s'évada en 1805 et se retira en Portugal après avoir eu le crédit, malgré sa fausse position, de faire lever le séquestre mis sur ses biens.

Il était à Lisbonne en 1810 : on ne voit pas pourquoi il ne s'était pas retiré près des princes de la maison de Bourbon. Quoi qu'il en soit, il prit place sous l'aigle impériale, suivit le drapeau tricolore et fut ramené en France par Junot. Repoussé par le préfet de la Loire-Inférieure, et même incarcéré d'abord, il recouvra promptement la bienveillance de Napoléon ; et, comme son antagoniste Fouché n'était plus ministre, il obtint même du service et alla à Naples avec le grade de colonel adjudant.

M. de Bourmont devint successivement général de brigade et général de division. En 1813, il se distingua sous les murs de Dresde ; et, en 1814, il fit preuve d'une grande bravoure en défendant Nogent-sur-Seine. A la restauration, M. de Bourmont fut bien accueilli à la cour : rien n'indique si ce fut comme général de l'empire ou comme ancien vendéen.

En 1815, il était commandant de la 6ᵉ division militaire ; en mars, il fut charger de commander sous le maréchal Ney, les troupes que l'on voulait opposer au souverain de l'île d'Elbe. Personne n'ignore l'entraînement des troupes et la conduite de Ney. M. de Bourmont prétend qu'il fit tout ce qu'il put pour agir dans le sens opposé au maréchal, et cependant on le vit, quelques jours après, solliciter de Napoléon le commandement d'une division de l'armée qui se réunissait sur la frontière du nord.

A la recommandation du général Gérard, et du colonel Labédoyère, M. de Bourmont obtint le commandement qu'il sollicitait, et dans la nuit du 14 au 15 juin, *trois jours avant Waterloo*, il passa à l'ennemi, selon l'expression des bulletins, ou alla se rendre auprès du roi à Gand, comme s'exprime la biographie Michaud. En pesant les expressions dont se servent les auteurs de cette Biographie, on pourrait soupçonner que M. de Bourmont, en sollicitant Napoléon, avait en vue le but de se rapprocher de Gand ; que tout dans cette action fut calcul chez lui, et que ni l'occasion ni l'entraînement ne déterminèrent sa conduite.

Après Waterloo, M. de Bourmont rentra en France, occupa, au nom des Bourbons, plusieurs places de la frontière, et fut bientôt après pourvu du commandement d'une division de l'infanterie de la garde. Depuis cette époque il s'est toujours montré dévoué au trône, et, chose étrange, son nom a figuré souvent dans la liste des congréganistes zélés.

COURVOISIER *(Jean-Joseph-Antoine)*, garde-des-sceaux, est fils d'un avocat au parlement de Besançon. Ayant suivi son père dans l'émigration il servit dans l'armée de Condé, et, après une action d'éclat, il fut décoré de la croix de Saint-Louis. Ce ne fut qu'après la restauration qu'il rentra en France.

Fidèle à la carrière honorée par ses pères, M. Courvoisier qui avait saisi l'épée aux jours du danger, revêtit la toge quand il vit la paix rétablie. Avocat-général près la Cour royale de Besançon, en 1816, il fut bientôt élu député par le département du Doubs. Pendant les sessions de 1816, 1817 et 1818 il se fit le chaud défenseur du ministère; mais en 1819 et en 1820 il eut une plus grande indépendance d'opinion : on le vit souvent avec plaisir employer ses talens à la défense de nos libertés, et ce ne fut pas souvent sans étonnement qu'on le vit combattre l'orgueil et les préjugés de l'émigration. Qu'on remarque toutefois qu'il mit tant de réserve et de prudence dans sa conduite, qu'il ne se brouilla ni avec la droite ni avec le centre : c'est être adroit comme un jésuite.

M. Courvoisier, avocat-général près la Cour royale de Lyon depuis plusieurs années, paraissait avoir renoncé à se placer au nombre de nos hommes d'état : la tribune ne résonnait plus de son éloquence, le parquet seul profitait de ses travaux, et même bien des gens auraient oublié son nom, si les journaux ne nous avaient appris qu'il avait placé son fils chez les jésuites, et que ce fils, peu satisfait des manières des révérends pères, avait un beau matin décampé sans tambour ni trompette. C'est donc avec bien de l'étonnement qu'on a vu son nom sortir de l'urne *polignacienne*, et peut-être serait-on dans le vrai en pensant que l'escapade du fils, qui a mis en évidence le congréganisme du père, est une des causes de sa fortune ministérielle.

CHABROL DE CROUSOL (*Jean André* comte de), ministre des finances. Auditeur au conseil d'état en 1805, maître des requêtes en 1806, membre du conseil de liquidation de Toscane en 1809, président de la Cour impériale de Paris en 1810, intendant-général des finances des provinment et des domaines. Le triumvirat de Villèle, Corbière, Peyronnet, l'associa au bénéfice de ses œuvres : il obtint le portefeuille de la marine, fut remorqué par les grands faiseurs comme un vaisseau dématé, et partagea leur naufrage après avoir toutefois contresigné l'ordonnance qui les exilait à la chambre des Pairs et celle qui nommait leurs successeurs.

MONTBEL (le baron de), ministre de l'instruction publique. Il y a des cas où un biographe se trouve bien embarrassé : c'est quand il a promis de publier l'histoire de tel grand homme du jour, et que la vie de cet éphémère peut se résumer ainsi : le est né, il a tété, il a grandi. Tel est l'embarras où nous sommes à l'égard

ces illyriënnes en 1811, on voit que M. de Chabrol a tour-à-tour été administrateur, juge et financier : aussi ne peut-il pas concevoir l'étonnement qu'ont éprouvé ces bons Parisiens quand ils ont vu leurs finances confiées à sa prudence ; et, en sa qualité d'ancien préfet, il est tout prêt à devenir *tuteur des communes* comme il se croit digne de prendre les sceaux depuis qu'il a présidé la Cour impériale de Paris.

Ce bon auvergnat, qui trouvait peu de familles plus dignes que la sienne de la confiance de Napoléon, a été préfet du Rhône avant et après le 20 mars ; avant, il ne put empêcher le retour de son ancien maître ; après il fut fort actif, dit-on, pour punir ceux qui l'avaient bien accueilli ; ce qui est certain, c'est qu'il n'a pas laissé à Lyon beaucoup de regrets et que son nom se trouve attaché à la désastreuse époque où des conspirations supposées peuplaient les prisons et teignaient les échafauds de la cité lyonnaise.

M. de Chabrol perdit la préfecture du Rhône à la suite des débats qui s'élevèrent entre le général Canuel et le duc de Raguse ; en 1818, M. Lainé, alors ministre, le fit sous-secrétaire d'état au département de l'intérieur, mais M. Decazes, successeur de M. Lainé, n'eut rien de plus pressé que de s'en débarrasser.

Cependant une direction générale vint bientôt à vaquer, et comme M. de Chabrol est un de ces gens sans lesquels l'état ne saurait marcher, il fut bientôt nommé directeur général de l'enregistre-

de M. de Montbel; pas un biographe n'a pu nous dire quand il est né et comment il se fait qu'il est baron : d'où nous concluons que, jusqu'à ce jour, il n'a guère occupé la trompette de dame Renommée.

Bornons-nous donc à dire que M. de Montbel, député de la Haute-Garonne, maire de Toulouse, a montré une tendresse vraiment paternelle pour le ministère Villèle et les jésuites, dont il s'est déclaré le champion en plusieurs circonstances.

RIGNY (de). Le combat de Navarin a immortalisé M. de Rigny, qui, depuis très long-temps, était regardé comme un de nos officiers de marine les plus distingués.

On conçoit difficilement qu'un ministère qui désavoue déjà tout ce que la France a fait pour la Grèce, ait voulu s'associer l'homme qui doit toute sa popularité à ses palmes helléniques; M. de Rigny ne répondra pas à l'appel de M. de Polignac, et notre prochain supplément fera connaître les faits et gestes de son successeur.

Il est donc inutile de dire que M. de Rigny, neveu du baron Louis, ancien protégé de Fontanes, est le seul homme du ministère qui n'ait pas donné de gage à la congrégation.

Paris, Imp. de GAULTIER-LAGUIONIE, hôtel des Fermes.

www.ingramcontent.com/pod-product-compliance
Lightning Source LLC
Chambersburg PA
CBHW061209050726

47594CB00008B/3631